LES 250 ÉCRITURES COMPTABLES LES PLUS FRÉQUENTES

Pascale RECROIX

en poche

7e édition 2022

À jour des normes comptables françaises en vigueur au 1er janvier 2022

W0209902

Gualino
un savoir-faire de Lextenso

Du même auteur, chez le même éditeur :

- Les 250 écritures comptables les plus fréquentes, 2022.
- Les 200 corrections extra-comptables, 2022.
- 200 calculs pour réussir un diagnostic financier, 2022.
- DCG 4 Droit fiscal, 3e éd. 2021-2022.
- DCG 6 Finance d'entreprise, 11e éd. 2021-2022.
- DCG 6 Exercices corrigés de Diagnostic financier de l'entreprise, 2e éd. 2020-2021.
- DCG 9 Comptabilité, 2e éd. 2020-2021.
- DCG 9 Exercices corrigés de Comptabilité, 2e éd. 2022.
- DCG 10 Comptabilité approfondie, 12e éd. 2021-2022.
- DCG 10 Exercices corrigés de Comptabilité approfondie, 10e éd. 2022.
- DSCG 2 Finance, 7e éd. 2020-2021.
- DSCG 2 Exercices corrigés de Finance, 3e éd. 2020-2021.

Pascale Recroix est Professeur en classes préparatoires au DCG et au DSCG. Elle enseigne le Droit fiscal, la Finance d'entreprise, la Comptabilité et la Comptabilité approfondie.

Suivez-nous sur www.gualino.fr

Contactez-nous **gualino@lextenso.fr**

1, Parvis de La Défense
92044 Paris La Défense Cedex
978-2-297-17298-1
ISSN 1962-6428

Sommaire

1 OPÉRATIONS COURANTES

STRUCTURE DE LA FACTURE

Prix brut
– Remises (%)
= Net commercial
– Escompte (%)
= Net financier
+ TVA
= Total TTC
– Acomptes
+ Emballages consignés (TTC)
= Net TTC

FACTURATION ET RÈGLEMENT DES ACHATS ET DES VENTES DE BIENS

Avances et acomptes

Chez le client

4091	Avances et acomptes versés	X	
512	Banques		X
	Facture d'acompte n° ...		

Chez le fournisseur

512	Banques	X	
4191	Avances et acomptes reçus		X
	Facture d'acompte n° ...		

Achats et ventes

Chez le client

60...	Achats	X	
44566	TVA sur ABS	X	
401	Fournisseurs		X
4091	Acomptes reçus (*solde*)		X
765	Escomptes obtenus		X
	Facture n° ...		

Chez le fournisseur

411	Clients	X	
4191	Acomptes versés (*solde*)	X	
665	Escomptes accordés	X	
70...	Ventes		X
44571	TVA collectée		X
	Facture n° ...		

Le **net commercial** est comptabilisé dans les comptes 60 et 70.

Réglement des factures

Chez le client

401	Fournisseurs	X	
512	Banques		X
	Avis de débit n° ...		

Chez le fournisseur

512	Banques	X	
411	Clients		X
	Avis de crédit n° ...		

Les comptes 514 « Chèques postaux » et 530 « Caisse » sont utilisés po
les règlements par chèque postal ou en espèces.

FACTURATION ET RÈGLEMENT DES ACHATS ET DES VENTES DE SERVICES

Avances et acomptes

Chez le client

4091	Acomptes versés (TTC)	X	
44566	TVA sur ABS	X	
512	Banques		X
4458	TVA à régulariser		X
	Facture d'acompte n° ...		

Chez le fournisseur

512	Banques	X	
4458	TVA à régulariser	X	
4191	Acomptes reçus (TTC)		X
44571	TVA collectée		X
	Facture d'acompte n° ...		

La TVA est déductible ou exigible au règlement de l'acompte. La contrepartie est un compte de TVA à régulariser (**4458**) qui sera soldé à la facturation.

TVA sur acompte = (Acompte TTC / 1,20) x 20 %

Achats et ventes de prestations de services

Chez le client

61/62	Services extérieurs	X	
4458	TVA à régulariser (*solde*)	X	
44564	TVA déduc. sur encaissements	X	
401	Fournisseurs		X
4091	Acomptes versés (*solde*)		X
	Facture n° ...		

Chez le fournisseur

411	Clients	X	
4191	Acomptes reçus (*solde*)	X	
706	Prestations de services		X
4458	TVA à régulariser (*solde*)		X
44574	TVA sur encaissements		X
	Facture n° ...		

Les comptes **44564** et **44574** ne figurent pas dans le PCG. Ils seront soldés lors du règlement, sauf option sur les débits. Le compte 4458, utilisé au paiement des acomptes, est soldé à la facturation.

Règlement des factures

Chez le client

401	Fournisseurs	X	
44566	TVA sur ABS	X	
512	Banques		X
44564	TVA sur encaissements		X
	Avis de débit n° ...		

Chez le fournisseur

512	Banques	X	
44574	TVA sur encaissements	X	
411	Clients		X
44571	TVA collectée		X
	Avis de crédit n° ...		

La TVA devient déductible et exigible au règlement des factures.

Option sur les débits

Avances et acomptes

La TVA est déductible et exigible au règlement de l'acompte. La contrepartie est un compte de TVA à régulariser (**4458**) qui sera soldé à la facturation.

L'écriture est identique à celle comptabilisée sur les achats et ventes de services sans option pour les débits.

Achats et ventes de prestations de services

Chez le client

61/62	Services extérieurs	X	
4458	TVA à régulariser (*solde*)	X	
44566	TVA sur ABS	X	
401	Fournisseurs		X
4091	Acomptes versés (*solde*)		X
	Facture n° ...		

Chez le fournisseur

411	Clients	X	
4191	Acomptes reçus (*solde*)	X	
706	Prestations de services		X
4458	TVA à régulariser (*solde*)		X
44571	TVA collectée		X
	Facture n° ...		

Le compte 4458, utilisé au paiement des acomptes, est soldé à la facturation. Le solde de la TVA est déductible et exigible dès la facturation du fai de l'option pour les débits.

Règlement des factures

Chez le client

401	Fournisseurs	X	
512	Banques		X
	Avis de débit n° ...		

Chez le fournisseur

512	Banques	X	
411	Clients		X
	Avis de crédit n° ...		

FRAIS DE PORT SUR ACHATS

60...	Achats	X	
6241	Transports sur achats	X	
608	Frais accessoires sur achats	X	
44566	TVA sur ABS	X	
401	Fournisseurs		X
	Facture n° ...		

Les frais de port sur achats sont comptabilisés dans un compte d charges externes (**6241**), dans le compte d'achat concerné (**60**...) o dans un compte de frais accessoires (**608**). Il en est de même pour le autres frais sur achats.

FRAIS DE PORT SUR VENTES

Ventes « franco de port »

Les frais « franco de port » sont inclus dans le prix de vente des biens.

Ventes « conditions arrivée »

Les frais de port sont engagés avant le transfert de propriété (transport au risques et périls du vendeur). Le client n'est propriétaire des biens qu' l'arrivée des biens dans son entreprise.

Ventes « conditions départ »

Les frais de port sont engagés après le transfert de propriété (transport au risques et périls de l'acheteur). Le client est propriétaire des biens dès l départ des biens de l'entreprise du vendeur ; soit, le port est refacturé a client **forfaitairement**, soit il constitue un **débours** payé pour le compte des clients ; l'intermédiaire peut agir sur mandat préalable (transport effectué par un sous-traitant pour le compte du client).

Engagement des frais

Hors contrat de mandant

6242	Transports sur ventes	X	
44566	TVA sur ABS	X	
512	Banques		X
	Avis de débit		

Dans le cadre d'un contrat de mandant

467	Autres comptes débiteurs	X	
512	Banques		X
	Avis de débit		

Refacturation du port au client

Port forfaitaire

411	Clients	X	
70…	Ventes		X
7085	Ports et frais accessoires facturés		X
44571	TVA collectée		X
	Facture n° …		

Port débours

Hors contrat de mandant

411	Clients	X	
70…	Ventes		X
6242	Transport sur ventes (*)		X
44566	TVA sur ABS		X
	Facture n° …		

Dans le cadre d'un contrat de mandant

411	Clients	X	
70…	Ventes		X
44571	TVA collectée		X
467	Autres comptes débiteurs ou créditeurs		X
	Facture n° …		

(*) Possibilité d'utiliser le compte 7088 « Autres produits d'activités annexes » ou le compte 791 « Transferts de charges d'exploitation »

FACTURES D'AVOIRS

Si des remises commerciales ou des escomptes de règlement figuraient au départ sur la facture, ils doivent être déduits du montant brut de l'avoir afin d'être régularisés.

La TVA fonctionne en sens inverse afin d'être régularisée. Il en est de même pour les escomptes de règlement.

Retours de marchandises, de matières et de produits

Chez le client

401	Fournisseurs	X	
765	Escomptes obtenus	X	
60…	Achats (*net commercial*)		X
44566	TVA sur ABS		X
	Facture d'avoir n° …		

Chez le fournisseur

70…	Ventes (*net commercial*)	X	
44571	TVA collectée	X	
411	Clients		X
665	Escomptes accordés		X
	Facture d'avoir n° …		

Les écritures liées aux achats et aux ventes sont inversées.

Réductions commerciales supplémentaires

Chez le client

401	Fournisseurs	X	
765	Escomptes obtenus	X	
609	RRR obtenus sur achats		X
44566	TVA sur ABS		X
	Factures d'avoir n° ...		

Chez le fournisseur

709	RRR accordés sur ventes	X	
44571	TVA collectée	X	
411	Clients		X
665	Escomptes accordés		X
	Factures d'avoirs n° ...		

Des comptes spécifiques existent pour l'enregistrement des RRR (comptes **609** et **709**) (*RRR = Rabais, Remises, Ristournes*).

Réductions financières supplémentaires

Chez le client

512	Banques	X	
765	Escomptes obtenus		X
44566	TVA sur ABS		X
	Facture d'avoir n° ...		

Chez le fournisseur

665	Escomptes accordés	X	
44571	TVA collectée	X	
512	Banques		X
	Facture d'avoir n° ...		

Ne pas régulariser la TVA s'il est mentionné sur la facture d'avoir « net de taxe ».

CONSIGNATION DES EMBALLAGES RÉCUPÉRABLES

Consignation d'emballages

Chez le client

4096	Fournisseurs – Créances sur emballages	X	
401	Fournisseurs		X
	Facture n° ...		

Chez le fournisseur

411	Clients	X	
4196	Clients – Dettes sur emballages		X
	Facture n° ...		

Les emballages sont en principe consignés TTC.

Retour des emballages

Retour des emballages au prix de consignation

Chez le client

401	Fournisseurs	X	
4096	Fournisseurs – Créances sur emballages		X
	Facture d'avoir n° ...		

Chez le fournisseur

4196	Clients – Dettes sur emballages	X	
411	Clients		X
	Facture d'avoir n° ...		

Les écritures sont simplement inversées. Il n'y a pas lieu de régulariser la TVA car les emballages sont consignés TTC.

Retour des emballages à un prix inférieur au prix de consignation

Chez le client

401	Fournisseurs	X	
6136	Malis sur reprises d'emballages	X	
44566	TVA sur ABS (*sur malis*)	X	
4096	Fournisseurs – Créances sur emballages		X
	Facture d'avoir n° ...		

Chez le fournisseur

4196	Clients – Dettes sur emballages	X	
411	Clients		X
7086	Bonis sur reprises d'emballages		X
44571	TVA collectée (*sur bonis*)		X
	Facture d'avoir n° ...		

Non restitution des emballages

Les emballages consignés TTC doivent être ramenés hors taxes afin de comptabiliser la TVA appropriée. Les comptes diffèrent selon la catégorie des emballages (**6026** pour les emballages récupérables non identifiables et **2186** pour les emballages récupérables identifiables).

■ Non restitution d'emballages récupérables non identifiables

Chez le client

6026	Emballages	X	
44566	TVA sur ABS	X	
4096	Fournisseurs – Créances sur emballages		X
	Facture n° ...		

Chez le fournisseur

4196	Clients – Dettes sur emballages	X	
7088	Autres produits d'activités annexes		X
44571	TVA collectée		X
	Facture n° ...		

■ Non restitution d'emballages récupérables identifiables

Chez le client

2186	Emballages récupérables	X	
44562	TVA sur immobilisations	X	
4096	Fournisseurs – Créances sur emballages		X
	Facture n° ...		

Chez le fournisseur

4196	Clients – Dettes sur emballages	X	
775	Produits des cessions d'éléments d'actif		X
44571	TVA collectée		X
	Facture n° ...		

Les emballages devront être sortis à leur VNC (voir Immobilisations).

OPÉRATIONS COMMERCIALES AVEC L'ÉTRANGER

Importations et exportations

■ Réception des factures

Chez le client (importations)

60...	Achats	X	
401	Fournisseurs		X
	Facture n° ...		

Chez le fournisseur (exportations)

411	Clients	X	
70...	Ventes		X
	Facture n° ...		

Sous réserve du cas de l'auto-liquidation, la TVA sur les importations sera déductible à la réception de la facture du transitaire. Les exportations sont exonérées de TVA.

■ Réception de la facture du transitaire

Chez le client (importations)

60...	Achats	X	
44566	TVA sur ABS (TVA sur les achats et sur les droits de douane)	X	
443	Opérations particulières avec l'État		X
	Facture n° ...		

Les courtages seront comptabilisés dans les comptes 60. ou 622.

Auto-liquidation de la TVA autorisée par l'Administration fiscale (sous conditions)

Chez le client (importations)

60…	Achats	X	
44566	TVA sur ABS	X	
401	Fournisseurs		X
4455	TVA due sur importations		X
	Facture n° …		

La TVA est auto-liquidée dès la facturation.

Acquisitions et livraisons intracommunautaires

Réception des factures

Chez le client
Acquisitions intracommunautaires

60.2	Achats intracommunautaires	X	
44566.2	TVA déductible UE	X	
401.2	Fournisseurs UE		X
4452	TVA due intracom.		X
	Facture n° …		

Chez le fournisseur
Livraisons intracommunautaires

411.2	Clients UE	X	
70.2	Ventes intracom.		X
	Facture n° …		

La TVA est auto-liquidée pour les acquisitions intracommunautaires (sauf en l'absence du numéro d'identification). Les livraisons intracommunautaires sont exonérées de TVA, à condition que l'acquéreur ait communiqué son numéro d'identification et que le fournisseur ait validé ce numéro ; de plus le fournisseur doit se conformer à l'obligation de dépôt de la DEB.

Règlement des factures en devises

Si Montant réglé > Montant facturé : gain de change pour les ventes et perte de change pour les achats.

Si Montant réglé < Montant facturé : perte de change pour les ventes et gain de change pour les achats.

Chez le client

401	Fournisseurs	X	
656	Pertes de change (*)	X	
512	Banques		X
756	Gains de change (*)		X
	Avis de débit n° …		

Chez le fournisseur

512	Banques	X	
656	Pertes de change (*)	X	
411	Clients		X
756	Gains de change (*)		X
	Avis de crédit n° …		

(*) Les comptes 656 et 756 sont dédiés aux pertes et gains de change sur créances et dettes commerciales. On utilise les comptes 666 et 766 pour les pertes et gains de change sur les opérations de nature financière.

RÈGLEMENTS DIFFÉRÉS

Chèques remis à l'encaissement

Cette opération ne concerne que le fournisseur.

Remise à l'encaissement des chèques

5112	Chèques à encaisser	X	
411	Clients		X
	Chèques remis à l'encaissement		

Des jours de valeur existent entre la date de remise des chèques à la banque et la date à laquelle le montant est crédité sur le compte bancaire.

■ Avis de crédit

512	Banques	X	
5112	Chèques à encaisser (*solde*)		X
	Avis de crédit n° ...		

Cartes de crédit à règlement différé

■ Ventes de biens

5115	Cartes bancaires à encaisser	X	
70....	Ventes		X
44571	TVA collectée		X
	Facture n° ...		

Un compte spécifique (**5115**) est créé pour les cartes de crédit avec paiement différé. Il ne figure pas dans le PCG. Des commissions sont à la charge du fournisseur. La TVA n'est pas récupérable sur les commissions.

■ Avis de crédit

512	Banques (*net en compte*)	X	
627	Services bancaires et assimilés	X	
5115	Cartes bancaires à encaisser (*solde*)		X
	Avis de crédit n° ...		

Effets de commerce

■ Création des effets de commerce (LC papier et BO)

Chez le client

401	Fournisseurs	X	
403	Fournisseurs – EAP		X
	LC ou BO n° ...		

Chez le fournisseur

413	Clients – EAR	X	
411	Clients		X
	LC papier ou BO n° ...		

LC = Lettres de change ; BO = Billets à ordre ; EAP = Effets à payer ; EAR = Effets à recevoir

Aucune écriture n'est comptabilisée pour la création d'une LC magnétique.

■ Paiement des effets à payer et encaissement des effets à recevoir à l'échéance des effets (LC papier et BO)

Chez le client

403	Fournisseurs – EAP	X	
512	Banques		X
	Avis de débit n° ...		

Chez le fournisseur
Remise à l'encaissement

5113	Effets à l'encaissement	X	
413	Clients – EAR		X
	Bordereau d'encaissement n° ...		

Avis de crédit

512	Banques (*net en compte*)	X	
6275	Frais sur effets	X	
44566	TVA sur ABS (*sur frais*)	X	
5113	Effets à l'encaissement		X
	Avis de crédit n° ...		

Des commissions (compte 6275) peuvent être prélevées par la banque.

2 OPÉRATIONS DE FINANCEMENT À COURT TERME

NÉGOCIATION OU REMISE À L'ESCOMPTE D'EFFETS À RECEVOIR

Cette opération ne concerne que le fournisseur.

Modalités de calcul

Escompte = Nominal x Taux d'escompte x n / 360

Commission d'endos = Nominal x Taux de commission d'endos x n / 360

n = Nombre de jours entre la date de remise à l'escompte et la date d'échéance de l'effet (+ jours banque supplémentaires pris par la banque) ; prendre des mois entiers sur une base de 360 jours.

Commissions fixes : commissions de manipulation, de service, frais de bordereaux (commissions soumises à TVA)

Agio TTC = Escompte + Commission d'endos + Commissions fixes TTC
Valeur nette en compte = Valeur nominale – Agio TTC

Effets à recevoir remis à l'escompte (LC papier et BO)

Remise à l'escompte d'effets à recevoir

5114	Effets à l'escompte	X	
413	Clients – EAR		X
	Bordereau d'escompte n° …		

Avis de crédit

512	Banques (*net en compte*)	X	
6616	Intérêts bancaires	X	
6275	Frais sur effets	X	
44566	TVA sur ABS	X	
5114	Effets à l'escompte		X
	Avis de crédit n° …		

Chez le fournisseur, aucune écriture n'est comptabilisée à l'échéance ; seul le règlement est comptabilisé chez le client (solde du compte 403 par un compte de trésorerie).

AUTRES FORMES DE MOBILISATION DES CRÉANCES COMMERCIALES

Ces opérations ne concernent que le fournisseur.

Lettres de change magnétiques remises à l'escompte

Remise à l'escompte

Aucune écriture n'est à comptabiliser à la date de la remise à l'escompte.

Avis de crédit

512	Banques (*net en compte*)	X	
6616	Intérêts bancaires (*escompte*)	X	
6275	Frais sur effets	X	
44566	TVA sur ABS (*sur commissions fixes*)	X	
519	Concours bancaires courants		X
	Avis de crédit n° ...		

Échéance des lettres de change magnétiques

Encaissement des créances

512	Banques	X	
411	Clients		X
	Avis de crédit n° ...		

Remboursement à la banque

519	Concours bancaires courants	X	
512	Banques		X
	Avis de débit n° ...		

Le client règle à l'échéance (solde du compte 403 par un compte de trésorerie).

Crédit de mobilisation des créances commerciales (CMCC)

Souscription du BO

512	Banques (*net en compte*)	X	
6616	Intérêts bancaires (*escompte*)	X	
6275	Frais sur effets	X	
44566	TVA sur ABS (*sur commissions fixes*)	X	
5191	Concours bancaires courants – CMCC		X
	Avis de crédit n° ...		

Échéance des créances

Encaissement des créances

512	Banques	X	
411	Clients		X
	Avis de crédit n° ...		

Remboursement à la banque

5191	Concours bancaires – CMCC	X	
512	Banques		X
	Avis de débit n° ...		

Créances cédées – loi Dailly

Cession des créances

4116	Clients – Créances cédées – Loi Dailly	X	
411	Clients		X
	Bordereau de cession n° ...		

Avis de crédit

512	Banques (*net en compte*)	X	
6616	Intérêts bancaires	X	
627	Services bancaires et assimilés	X	
44566	TVA sur ABS	X	
519	Concours bancaires courants		X
	Avis de crédit n° ...		

Échéance des créances

Encaissement des créances

512	Banques	X	
4116	Clients – Loi Dailly		X
	Avis de crédit n° ...		

Remboursement à la banque

519	Concours bancaires courants	X	
512	Banques		X
	Avis de débit n° ...		

DIFFICULTÉS DE RECOUVREMENT DES CRÉANCES

Renouvellement d'effets de commerce (LC papier et BO)

Annulation des effets de commerce

Chez le client

403	Fournisseurs – Effets à payer	X	
401	Fournisseurs		X
	Annulation de la traite		

Chez le fournisseur

411	Clients	X	
413	Clients – Effets à recevoir		X
	Annulation de la traite		

Création de nouveaux effets de commerce acceptés par le client

Chez le client

401	Fournisseurs	X	
6616	Intérêts bancaires	X	
403	Fournisseurs – EAP		X
	LC ou BO n° ...		

Chez le fournisseur

413	Clients – EAR	X	
411	Clients		X
763	Revenus des autres créances		X
	LC ou BO n° ...		

Intérêts = Nominal x Taux d'intérêt x n / 360

n = nombre de jours entre la date d'échéance de l'ancienne traite et la date d'échéance de la nouvelle traite

Effets escomptés ne pouvant être récupérés

Avance de fonds

Chez le client

512	Banques	X	
401	Fournisseurs		X
	Avis de débit n° ...		

Chez le fournisseur

411	Clients	X	
512	Banques		X
	Avis de crédit n° ...		

■ Création d'un nouvel effet accepté par le client

Chez le client

401	Fournisseurs	X	
6616	Intérêts bancaires	X	
403	Fournisseurs – EAP		X
	LC et BO n° …		

Chez le fournisseur

413	Clients – EAR	X	
411	Clients		X
763	Revenus des autres créances		X
	LC et BO n° …		

Intérêts = Nominal x Taux d'intérêt x n / 360

n = nombre de jours entre la date d'échéance de l'ancienne traite et la date d'échéance de la nouvelle traite

■ Règlement du premier effet

Chez le client

403	Fournisseurs – EAP	X	
512	Banques		X
	Avis de débit n° …		

■ Règlement du second effet

Chez le client

403	Fournisseurs – EAP	X	
512	Banques		X
	Avis de débit n° …		

Chez le fournisseur

5113	Effets à l'encaissement	X	
413	Clients – EAR		X
	Bordereau d'encaissement n° …		

Avis de crédit

512	Banques (*net en compte*)	X	
6275	Frais sur effets	X	
44566	TVA sur ABS (*sur frais*)	X	
5113	Effets à l'encaissement		X
	Avis de crédit n° …		

Effets impayés

■ Paiement des frais d'impayés à la banque

Chez le fournisseur

627	Services banc. et assimilés	X	
44566	TVA sur ABS	X	
512	Banques		X
	Avis de débit n° …		

■ Annulation des effets de commerce (LC papier et BO)

Chez le client

403	Fournisseurs – EAP	X	
401	Fournisseurs		X
	Pour annulation		

Chez le fournisseur

411	Clients	X	
413	Clients – EAR		X
	Pour annulation		

Lorsque la banque réclame les effets remis à l'encaissement ou à l'escompte par le fournisseur, on utilise les compte 5113, 5114 ou 512 à la place du compte 413.

Création d'un nouvel effet accepté par le client (LC papier et BO)

Chez le client

401	Fournisseurs	X	
627	Services bancaires et assimilés	X	
44566	TVA sur ABS	X	
6616	Intérêts bancaires	X	
403	Fournisseurs – EAP		X
	LC et BO n° …		

Chez le fournisseur

413	Clients – EAR	X	
411	Clients		X
791	Transferts de charges		X
44571	TVA collectée		X
763	Revenus des autres créances		X
	LC et BO n° …		

Les intérêts (comptes **6616** et **763**) sont calculés de la date d'échéance de l'ancien effet à la date d'échéance du nouvel effet. Les frais d'impayés réglés par le fournisseur peuvent être refacturés TTC à son client.

Endossement d'une LC papier ou d'un BO

Chez le client

403	Fournisseurs – Effets à payer	X	
411	Clients		X
	Endossement pour règlement		

Chez le fournisseur

401	Fournisseurs	X	
413	Clients – Effets à recevoir		X
	Endossement pour règlement		

AFFACTURAGE

Cette opération ne concerne que le fournisseur.

Modalités de calcul

Commission générale d'affacturage = Créances TTC x Taux de commission

Commission de financement = Créances TTC x Taux de commission x n / 360

n = nombre de jours entre la date de cession des créances et l'échéance

Seule la commission générale d'affacturage est soumise à TVA.

Cession des créances au factor

467	Autres comptes débiteurs ou créditeurs	X	
411	Clients (*solde*)		X
	Cession des créances au factor		

Avis de crédit

512	Banques (*net en compte*)	X	
668	Autres charges financières (*commission de financement*)	X	
6225	Rémunérations d'affacturage (*commission générale*)	X	
44566	TVA sur ABS (*sur commission générale*)	X	
467	Autres comptes débiteurs ou créditeurs (*solde*)		X
	Avis de crédit n° …		

DÉCOUVERT BANCAIRE

Modalités de calcul

Intérêts sur découvert = Nombres débiteurs x Taux du découvert / 360
n = nombre de jours de découvert bancaire (1er jour et dernier jour inclus)
Commission de plus fort découvert (CPFD) = 0,05 % (PFD de chaque mois du trimestre)
Commission de mouvement (CMVT) = 0,025 % x (Total des mouvements débiteurs du trimestre)
Commission de dépassement = Taux de commission x (PFD de chaque mois du trimestre – Découvert autorisé)

Avis de prélèvement

661	Charges d'intérêts (*intérêts sur découvert*)	X	
627	Services bancaires et assimilés (*commissions*)	X	
44566	TVA sur ABS (*sur CMVT*)	X	
512	Banques		X
	Avis de débit n° ...		

SUBVENTIONS D'EXPLOITATION ET SUBVENTIONS D'ÉQUILIBRE

Ces subventions sont imposables à la TVA si la condition de lien direct est remplie. La TVA sera dans ce cas exigible (44571) à la date d'attribution des subventions.

Subventions d'exploitation

Attribution des subventions

4417	État – Subventions d'exploitation à recevoir	X	
74	Subventions d'exploitation		X
	Notification d'attribution		

Encaissement des subventions

512	Banques	X	
4417	État – Subventions d'exploitation à recevoir		X
	Avis de crédit n° ...		

Subventions d'équilibre

Attribution des subventions

4418	État – Subventions d'équilibre à recevoir	X	
7715	Subventions d'équilibre		X
	Notification d'attribution		

Encaissement des subventions

512	Banques	X	
4418	État – Subventions d'équilibre à recevoir		X
	Avis de crédit n° ...		

3 OPÉRATIONS D'INVESTISSEMENT

INVESTISSEMENTS

Valeur d'entrée de l'immobilisation (Vo)

Valeur d'entrée =
Prix d'achat HT
– Remises commerciales
– Escomptes de règlement
+ Droits de douane
+ TVA non récupérable
+ Coûts directement attribuables : frais nécessaires à la mise en état d'utilisation des biens : frais de transport, frais d'installation, honoraires de professionnels (architectes, géomètres, experts, évaluateurs, conseils, etc.), taxe d'aménagement, frais de démolition pour reconstruction, travaux d'aménagement, travaux de terrassement
+ Frais d'acquisition activables : droits de mutation, honoraires, commissions et frais d'acte ; il s'agit d'une **méthode de référence** (règlement ANC 18-1)
+ Coûts d'emprunts activables (si conditions réunies)

L'entreprise peut opter pour l'enregistrement des frais d'acquisition en charges : les droits de mutation, droits d'enregistrement et de timbres seront comptabilisés en **635** (pas de TVA), et les frais d'actes, honoraires notaire, commissions et courtages en **622**.

Sont exclus du coût d'acquisition : la TVA récupérable (**44562**), les frais de formation (**628**) car non nécessaires pour la mise en place de l'immobilisation et les coûts supportés au-delà de la mise en service du bien.

On utilise les comptes **6063** et **6064** pour les matériels industriels, matériels de bureau et logiciels de prix d'achat unitaire ≤ 500 € HT.

Acquisition d'immobilisations incorporelles et corporelles

Acomptes sur immobilisations incorporelles

237	Acomptes versés sur immobilisations incorporelles	X	
512	Banques		X
	Facture d'acompte n° ...		

Acomptes sur immobilisations corporelles

238	Acomptes versés sur immobilisations corporelles	X	
512	Banques		X
	Facture d'acompte n° ...		

Réception des factures

Immobilisations incorporelles

20	Immobilisations incorporelles	X	
44562	TVA sur immobilisations	X	
237	Acomptes versés (*solde*)		X
404	Fournisseurs d'immob.		X
	Facture n° ...		

Immobilisations corporelles

21	Immobilisations corporelles	X	
44562	TVA sur immobilisations	X	
238	Acomptes versés (*solde*)		X
404	Fournisseurs d'immob.		X
	Facture n° ...		

Si le règlement est réalisé par traite, le compte 405 est crédité à la place du compte 404.

Règlement des factures

404	Fournisseurs d'immobilisations	X	
512	Banques		X
	Avis de débit n° ...		

Cas particulier des travaux immobiliers

Avances et acomptes versés

238	Avances et acomptes versés sur immobilisation corporelles (TTC)	X	
44562	TVA sur immobilisations	X	
512	Banques		X
4458	TVA à régulariser		X
	Facture d'acompte n° ...		

Les travaux immobiliers sont assimilés à des prestations de services. La TVA est donc récupérable au versement de l'acompte.

Réception des factures

21	Immobilisations corporelles	X	
44564	TVA sur encaissements	X	
4458	TVA à régulariser sur acomptes versés (*solde*)	X	
404	Fournisseurs d'immobilisations		X
238	Avances et acomptes versés sur immobilisations corporelles (*solde*)		X
	Facture n° ...		

Si une retenue de garantie est appliquée, on utilise le compte « **4047** – Fournisseurs d'immobilisations – Retenues de garantie ». Le compte 404 sera alors scindé en 4047 (Retenue de garantie TTC) et en 4041 (Total TTC – Retenue de garantie – Acompte).

Règlement des factures

404	Fournisseurs d'immobilisations	X	
44562	TVA sur immobilisations	X	
512	Banques		X
44564	TVA déductible sur encaissements (*solde*)		X
	Avis de débit n° ...		

La TVA devient déductible au règlement.

Cas particulier des logiciels

Acquisition de logiciels d'exploitation

Ils sont comptabilisés en **205** si la facture est dissociée de l'ordinateur ; ils sont comptabilisés en **2183** si la facture est indissociée de l'ordinateur.

Acquisition de logiciels standards

205	Logiciels	X	
44562	TVA sur immobilisations	X	
404	Fournisseurs d'immobilisations		X
	Facture n° ...		

Les logiciels standards sont assimiliés à des biens.

Acquisition de logiciels spécifiques

205	Logiciels	X	
44564	TVA déductible sur encaissements	X	
404	Fournisseurs d'immobilisations		X
	Facture n° ...		

Les logiciels spécifiques sont assimiliés à des prestations de services.

Le compte **44564** sera soldé lors du règlement, par le débit du compte 44562.

Immobilisations acquises à titre gratuit

2.	Immobilisations	X	
778	Autres produits exceptionnels		X
	Acquisition gratuite d'immobilisations		

IMMOBILISATIONS DÉCOMPOSÉES

Composants de première catégorie devant faire l'objet de remplacements à intervalles réguliers

21.1	Immobilisations corporelles – Structure (Valeur de l'immobilisation – Composants)	X	
21.2	Immobilisations corporelles – Composants	X	
44562	TVA sur immobilisations	X	
404	Fournisseurs d'immobilisations		X
	Facture n° ...		

Composants de 2e catégorie (grandes révisions)

Méthode des composants

21.1	Immobilisations corporelles – Structure (Valeur de l'immobilisation – Composants)	X	
21.2	Immobilisations corporelles – Composants	X	
44562	TVA sur immobilisations	X	
404	Fournisseurs d'immobilisations		X
	Facture n° ...		

Méthode de la provision

21.	Immobilisations corporelles	X	
44562	TVA sur immobilisations	X	
404	Fournisseurs d'immobilisations		X
	Facture n° ...		

Une provision est constatée à la clôture de l'exercice, égale au montant de la révision sur la durée prévue de la révision.

PRODUCTION IMMOBILISÉE

Immobilisations corporelles produites par l'entreprise pour elle-même

La loi de simplification de la vie des entreprises permet de ne pas soumettre la production immobilisée à la TVA (donc pas de TVA collectée ni déductible) à condition que l'acquisition de l'immobilisation aurait donné lieu à une déductibilité totale de la TVA.

Production immobilisée commencée et achevée sur un même exercice

21.	Immobilisations corporelles (CP)	X	
722	Production immobilisée – Immobilisations corporelles		X
	Fiche analytique n° ...		

Coût de production (CP) = Matières premières + Main d'œuvre directe + Charges de production

Production immobilisée commencée sur un exercice et achevée sur l'exercice suivant

Immobilisation non achevée au 31/12/N–1

231	Immobilisations en cours	X	
722	Production immobilisée – Immobilisations corporelles		X
	Fiche analytique n° ... (CP N–1)		

Immobilisation achevée en N

21.	Immobilisations (*CP Total*)	X	
722	Production immobilisée – Immobilisations corporelles		X
231	Immobilisations en cours		X
	Fiche analytique n° ...		

À l'achèvement du bien, le compte 231 est soldé (CP N–1) et le CP de N est comptabilisé en 722.

Logiciels créés par l'entreprise pour elle-même

Logiciels créés et achevés sur un même exercice

205	Logiciels (*CP*)	X	
721	Production immobilisée – Immobilisations incorporelles		X
	Fiche analytique n° ...		

Coût de production (CP) = Analyse organique + Programmation + Tests et jeux d'essais + Documentation

Logiciels créés sur un exercice et achevés sur l'exercice suivant

Logiciels non achevés au 31/12/N–1

232	Immob. incorp. en cours	X	
721	Production immobilisée – Immobilisations incorporelles		X
	Fiche analytique n° ... (CP N–1)		

Logiciels achevés en N

205	Logiciels (*CP Total*)	X	
721	Production immobilisée – Immob. incorp.		X
232	Immob. incorp. en cours		X
	Fiche analytique n° ...		

À l'achèvement du logiciel, le compte 232 est soldé (CP N–1) et le CP de N est comptabilisé en 721.

AMORTISSEMENTS DES IMMOBILISATIONS INCORPORELLES ET CORPORELLES

Amortissements comptables

Modalités de calcul

Base amortissable = Vo – VR nette des coûts de sortie

Vo = Valeur d'origine ; VR = Valeur résiduelle (significative et mesurable)

Durée d'utilisation : Durée retenue par l'entreprise

Mode d'amortissements : Consommation attendue en unités d'œuvre (uo), à défaut, mode linéaire

Date de début de l'amortissement : Date exacte de mise en service de l'actif

Taux linéaire = 100 % / Durée d'utilisation

1re annuité = (Vo / Durée d'utilisation) x n / 360

n = nombre de jours entre la date de mise en service et la clôture de l'exercice

Autres annuités = Vo / Durée d'utilisation

Dernière annuité = (Vo / Durée d'utilisation) – 1re annuité

Pour un amortissement en uo : Annuité = Vo x Unité de l'année / Total des unités

Comptabilisation de l'amortissement comptable

6811	Dotations aux amortissements des immobilisations	X	
28.	Amortissements des immobilisations		X
	Plan d'amortissement n° ...		

Amortissements fiscaux

Modalités de calcul

Base amortissable = Vo (ne pas retirer la valeur résiduelle)

Durée d'utilisation = durée d'usage

Modes d'amortissements

Amortissement dégressif	Amortissement exceptionnel
Réservé à certains biens neufs de durée d'utilisation ≥ 3 ans. Date de début de l'amortissement : 1er jour du mois de l'achat Taux dégressif = Taux linéaire x k (k = 1,25 si 3 ≤ n ≤ 4 ; 1,75 si 5 ≤ n ≤ 6 ; 2,25 si n > 6) 1re annuité = (Vo x Taux dégressif) x n / 12 n = nombre de jours entre le 1er jour du mois de l'achat et la clôture de l'exercice Autres annuités = VNC x Taux dégressif Le taux linéaire est appliqué lorsque le taux dégressif devient ≤ au quotient de 100 % par le nombre d'années restant à courir	Des dispositifs d'amortissements exceptionnels ont été mis en place afin de favoriser le développement de certains investissements : – amortissement exceptionnel sur 12 mois pour les logiciels et sites internet acquis avant le 1er janvier 2017 ; – amortissement exceptionnel sur 24 mois pour les investissements dans le domaine de la robotique, réalisés entre le 1er octobre 2013 et le 31 décembre 2016 et pour les imprimantes 3D acquises ou créées entre le 1er janvier 2015 et le 31 décembre 2017, par les entreprises répondant à la définition européenne des PME.

Divergences comptables et fiscales

Les divergences relèvent de la base amortissable, de la durée d'utilisation et/ou du mode d'amortissement. Si, en début de période, l'annuité fiscale est supérieure à l'annuité comptable, il faut doter un amortissement dérogatoire ; le cas échéant, une réintégration fiscale sera effectuée.

Comptabilisation de l'amortissement dérogatoire

L'amortissement dérogatoire représente la différence entre l'amortissement fiscal et l'amortissement comptable. C'est une dotation si l'annuité fiscale est supérieure à l'annuité comptable. C'est une reprise lorsque l'annuité fiscale devient inférieure à l'annuité comptable.

Dotation dérogatoire

68725	Dotations aux amortissements dérogatoires	X	
145	Amortissements dérogatoires		X
	Annuité dérogatoire		

Reprise dérogatoire

145	Amortissements dérogatoires	X	
78725	Reprises sur amortissements dérogatoires		X
	Reprise dérogatoire		

Amortissements des immobilisations décomposées

Méthode des composants

6811	Dotations aux amortissements des immobilisations	X	
28.1	Amortissements de la structure		X
28.2	Amortissements du composant		X
	Plan d'amortissement n° ...		

Méthode de la provision pour les « composants de 2e catégorie »

Annuité comptable

6811	Dotations aux amortissements des immobilisations	X	
28.	Amortissements de l'immobilisation		X
	Plan d'amortissement n° ...		

Provision pour grandes révisions

6815	Dotations aux provisions d'exploitation	X	
1572	Provisions pour gros entretiens ou grandes révisions		X
	Provision (*)		

(*) Montant de la révision / Durée de la révision

DÉPRÉCIATIONS DES IMMOBILISATIONS INCORPORELLES ET CORPORELLES

Modification de la base amortissable

La détermination d'une dépréciation d'une immobilisation nécessite de passer à travers trois étapes : existence d'un indice de perte de valeur ; mise en œuvre du test de dépréciation ; constatation de la dépréciation.

Valeur actuelle (Va) = Max (VV nette des coûts de sortie ; VU)

Si Va ≥ VNC d'origine : il n'y a pas de dépréciation.

Si Va < VNC d'origine : il faut constater une dépréciation = VNC – Va.

Le plan d'amortissement est alors modifié : la Va constitue la nouvelle base amortissable ; l'amortissement se fait sur le nombre d'années restantes.

VV = Valeur Vénale ; VU = Valeur d'Usage

Comptabilisation des dépréciations

Dépréciations des immobilisations

6816	Dotations aux dépréciations des immobilisations	X	
29	Dépréciations des immobilisations		X
	Suite au test de dépréciation		

Reprises ultérieures des dépréciations

29	Dépréciations des immobilisations	X	
7816	Reprises sur dépréciations des immobilisations		X
	Reprises des dépréciations		

CESSION DES IMMOBILISATIONS INCORPORELLES ET CORPORELLES

Cession des immobilisations non amortissables

Constatation de la cession

462	Créances sur cessions d'immobilisations	X	
775	Produits des cessions d'éléments d'actif		X
44571	TVA collectée		X
	Constatation de la cession		

Sortie de l'immobilisation à son prix d'achat

675	Valeurs comptables des éléments d'actif cédés	X	
2.	Immobilisations		X
	Sortie de l'immobilisation		

Il faut reprendre les dépréciations antérieurement constituées.

Cession des immobilisations amortissables

La vente est soumise à TVA pour les **biens meubles** (sauf cas particulier des véhicules de tourisme) et pour les **immeubles détenus depuis moins de 5 ans**.

Le plan d'amortissement doit être réalisé de la date de l'achat à la date de la cession. Le prorata temporis appliqué à l'annuité de la cession est de n / 360 (annuité linéaire) ou n / 12 (annuité dégressive) ; *n correspond au nombre de jours entre la date d'ouverture de l'exercice et la date de la cession (date exacte pour l'annuité linéaire et 1er jour du mois de la cession pour l'annuité dégressive).*

Constatation de la cession

462	Créances sur cessions d'immobilisations	X	
775	Produits des cessions d'éléments d'actif		X
44571	TVA collectée		X
	Constatation de la cession		

Sortie de l'immobilisation à sa VNC comptable

675	Valeurs comptables des éléments d'actif cédés	X	
281.	Amortissements des immobilisations corporelles	X	
2.	Immobilisations		X
	Sortie de l'immobilisation		

Annuité comptable

6811	Dotations aux amortissements des immobilisations	X	
28.	Amortissements des immobilisations		X
	Plan d'amortissement n° ...		

Immobilisations ayant fait l'objet d'un amortissement dérogatoire

Deux écritures supplémentaires doivent être comptabilisées.

Annuité dérogatoire

68725	Dotations aux amortissements dérogatoires	X	
145	Amortissements dérogatoires		X
	Plan d'amortissement n° ...		

ou Reprise dérogatoire

145	Amortissements dérogatoires	X	
78725	Reprises sur amortissements dérogatoires		X
	Plan d'amortissement n° ...		

Reprise des amortissements non apurés

145	Amortissements dérogatoires	X	
78725	Reprises sur amortissements dérogatoires		X
	Plan d'amortissement n° ... (Σ DAP dérogatoires – Σ RAP dérogatoires)		

Mise au rebut d'une immobilisation :

Seules les écritures de sortie de l'immobilisation à sa VNC et de l'annuité comptable sont constatées.

Si l'immobilisation n'est pas totalement amortie, une dotation exceptionnelle (6871) peut être pratiquée pour ramener la VNC à zéro.

6871	Dotations aux amortissements exceptionnels des immobilisations	X	
6811	Dotations aux amortissements des immobilisations	X	
28.	Amortissements des immobilisations		X
	Plan d'amortissement n° ...		

28.	Amortissements des immobilisations	X	
2.	Immobilisations		X
	Sortie de l'immobilisation		

Cession d'immobilisations nécessitant une régularisation de TVA

On considérera que les cessions suivantes sont réalisée par une entreprise totalement assujettie à la TVA (CDE = 1).

Cession de véhicules de tourisme à un négociant en biens d'occasion

La vente peut être soumise à TVA ; l'entreprise bénéficie alors d'un complément de TVA (si conditions réunies) :

Complément de TVA = PA HT x Taux de TVA à l'achat x (5 – n) / 5

n = Durée écoulée de la date de l'achat à la date de la cession

Constatation de la cession

462	Créances sur cessions d'immobilisations	X	
775	Produits des cessions d'éléments d'actif		X
44571	TVA collectée		X
	Constatation de la cession		

Sortie de l'immobilisation à sa VNC

675	Valeurs comptables des éléments d'actif cédés (*)	X	
28182	Amortissements du matériel de transport	X	
44562	TVA sur immobilisations (*complément de TVA*)	X	
2182	Matériel de transport (*PA TTC*)		X
	Sortie du véhicule		

(*) VNC comptable – Complément de la TVA

Annuité comptable

6811	Dotations aux amortissements des immobilisations	X	
28182	Amortissements du matériel de transport		X
	Plan d'amortissement n° ...		

Si le véhicule est cédé à une autre entreprise ou à un particulier, la vente n'est pas soumise à TVA. Aucune régularisation de TVA ne sera effectuée.

Cession d'immeubles détenus depuis plus de 5 ans

La vente n'est pas soumise à TVA ; l'entreprise doit reverser une TVA (si conditions réunies) :

Reversement de TVA = PA HT x Taux de TVA à l'achat x (20 – n) / 20

n = Durée écoulée de l'achat à la cession

Constatation de la cession

462	Créances sur cessions d'immobilisations	X	
775	Produits des cessions d'éléments d'actif		X
	Constatation de la cession		

Sortie de l'immobilisation à sa VNC

675	Valeurs comptables des éléments d'actif cédés (*)	X	
2813	Amortissements des constructions	X	
213	Constructions		X
44551	TVA à décaisser		X
	Sortie de la construction		

(*) VNC comptable + Reversement de la TVA

Annuité comptable

6811	Dotations aux amortissements des immobilisations	X	
2813	Amortissements des constructions		X
	Plan d'amortissement n° ...		

L'entreprise peut opter pour l'assujettissement à la TVA sur la vente. Aucune régularisation de TVA ne sera effectuée.

4 OPÉRATIONS DE PLACEMENT

ACQUISITION DES TITRES

Acquisition d'actions

Les comptes utilisés diffèrent selon la nature des titres :

Comptes	Nature des titres
261	« *Titres de participation* » : titres dont la possession durable est estimée utile à l'activité de l'entreprise car elle permet d'exercer une influence dans la société émettrice des titres ou d'en assurer le contrôle.
271	« *Autres titres immobilisés - Actions* » : titres (droits de propriété) que l'entreprise a l'intention de conserver durablement ou n'a pas la possibilité de revendre à bref délai. Leur détention n'est pas jugée utile à l'activité de l'entreprise ; il s'agit le plus souvent de titres faisant l'objet d'un blocage temporaire > 1 an ou de titres donnés en nantissement.
273	TIAP « *Titres immobilisés de l'activité de portefeuille* » : titres acquis en vue de retirer une rentabilité satisfaisante, sans aucune intention d'intervenir dans la gestion de l'entreprise.
503	« *Valeurs mobilières de placement- Actions* » : titres acquis en vue de réaliser un gain à brève échéance (but spéculatif).

Comptabilisation de l'acquisition des titres

261, 27. ou 503 512	Titres Banques *Avis de débit n° ...*	X	 X

Comptabilisation de l'acquisition de titres partiellement libérés

Acquisition des titres

261, 27. ou 503 512 269, 279 ou 509	Titres (Nombre de titres acquis x PE) Banques (*partie libérée*) Versements restant à effectuer sur titres *Avis de débit n° ...*	X	 X X

Partie libérée : N x [(% de libération x VN) + (PE – VN)]

Partie restant à libérer : N x [(100 % – % libéré) x VN]

VN = Valeur nominale ; PE = Prix d'émission ; N = Nombre de titres acquis

Libération ultérieure

269, 279 ou 509 512	Versements restant à effectuer sur titres (*pour solde*) Banques *Avis de débit n° ...*	X	 X

Acquisition d'obligations

Les comptes utilisés diffèrent selon la nature des titres :

2721	« *Autres titres immobilisés - Obligations* » : titres (droits de créance) que l'entreprise a l'intention de conserver durablement ou n'a pas la possibilité de revendre à bref délai. Leur détention n'est pas jugée utile à l'activité de l'entreprise ; il s'agit le plus souvent de titres faisant l'objet d'un blocage temporaire > 1 an ou de titres donnés en nantissement.
506	« *Valeurs mobilières de placement - Obligations* » : titres acquis en vue de réaliser un gain à brève échéance (but spéculatif).

La cotation des obligations est « au pied du coupon », c'est-à-dire hors fraction d'intérêt couru.

Taux d'intérêt couru = i x n / 360

n = nombre de jours entre la date d'échéance précédent l'achat et la date d'achat ; i = Taux d'intérêt nominal

Intérêts courus = N x VN x i x n / 360

VN = Valeur Nominale ; N = Nombre d'obligations acquises

Les intérêts courus sont comptabilisés dans les comptes **2768** ou **5088** selon la nature comptable des obligations ; par simplification, ils peuvent être comptabilisés dans les comptes **762** ou **764**, afin de simplifier la comptabilisation des coupons à l'échéance.

Titres immobilisés

2721	Titres immobilisés - Obligations	X	
27862 ou 7621	Intérêts courus sur titres immobilisés	X	
512	Banques		X
	Avis de débit n° ...		

VMP

506	Obligations	X	
5088 ou 764	Intérêts courus sur obligations	X	
512	Banques		X
	Avis de débit n° ...		

Frais d'acquisition sur titres

6271	Frais sur titres	X	
44566	TVA sur ABS	X	
512	Banques		X
	Avis de débit n° ...		

Les frais sont comptabilisés en charges mais peuvent aussi être incorporés au coût d'acquisition des titres. La déduction des frais s'opère par la constitution d'un amortissement dérogatoire sur une période de 5 ans à compter de la date d'acquisition des titres (pour les TDP, les TIAP et les autres titres immobilisés).

CESSION DES TITRES

D'un point de vue comptable, les entreprises ont le choix entre la méthode du coût moyen pondéré (**CUMP**) et la méthode du premier entré – premier sorti (**PEPS**).

Les frais sont à la charge du vendeur.

Cession d'actions

Titres de participation et autres titres immobilisés

Constatation de la cession

512	Banques (*net en compte*)	X	
6271	Frais sur titres	X	
44566	TVA sur ABS (*sur frais*)	X	
775	Produits des cessions d'éléments d'actif		X
	Avis de crédit n° …		

Sortie des titres

675	Valeurs comptables des éléments d'actif cédés	X	
261	Titres de participation		X
2718	Titres immobilisés autres que les TIAP		X
	Sortie des titres au prix d'achat		

TIAP

Plus-value sur la cession

Constatation de la cession

512	Banques (*net en compte*)	X	
6271	Frais sur titres	X	
44566	TVA sur ABS (*sur frais*)	X	
775	Produits des cessions d'éléments d'actif		X
	Avis de crédit n° …		

Sortie des titres

775	Produits des cessions d'éléments d'actif	X	
273	TIAP		X
	Sortie des titres au prix d'achat		

Moins-value sur la cession

Constatation de la cession

512	Banques (*net en compte*)	X	
6271	Frais sur titres	X	
44566	TVA sur ABS (*sur frais*)	X	
675	Valeurs comptables des éléments d'actif cédés		X
	Avis de crédit n° …		

Sortie des titres

675	Valeurs comptables des éléments d'actif cédés	X	
273	TIAP		X
	Sortie des titres au prix d'achat		

Valeurs mobilières de placement (VMP)

Plus ou moins-value = N x (PV – PA)

N = Nombre de titres cédés ; PA = Prix d'achat unitaire ; PV = Prix de vente unitaire

La plus-value est constatée dans le compte **767**, la moins-value dans le compte **667**.

Plus-value sur la cession

Constatation de la cession

512	Banques (*net en compte*)	X	
6271	Frais sur titres	X	
44566	TVA sur ABS (*sur frais*)	X	
767	Produits nets sur cessions de VMP		X
	Avis de crédit n° …		

Sortie des titres

767	Produits nets sur cessions de VMP	X	
503	VMP – Actions		X
	Sortie des titres au prix d'achat		

Moins-value sur la cession

Constatation de la cession

512	Banques (*net en compte*)	X	
6271	Frais sur titres	X	
44566	TVA sur ABS (*sur frais*)	X	
667	Charges nettes sur cessions de VMP		X
	Avis de crédit n° …		

Sortie des titres

667	Charges nettes sur cessions de VMP	X	
503	VMP – Actions		X
	Sortie des titres au prix d'achat		

Une seule écriture peut regrouper la constatation de la cession et la sortie des titres.

Cession d'obligations

Taux d'intérêt couru à la cession = i x n / 360

n = Nombre de jours entre la date d'échéance et la date de la cession

i = Taux d'intérêt nominal

Intérêts encaissés = N x VN x i x n / 360 (comptes 762 ou 764)

N = Nombre d'obligations cédées ; VN = Valeur nominale

Titres immobilisés

Constatation de la cession

512	Banques (*net en compte*)	X	
6271	Frais sur titres	X	
44566	TVA sur ABS (*sur frais*)	X	
775	Produits des cessions d'éléments d'actif		X
762	Produits des autres immobilisations financières (intérêts encaissés)		X
	Avis de crédit n° ...		

Sortie des titres

675	Valeurs comptables des éléments d'actif cédés	X	
2721	Titres immobilisés – Obligations		X
	Sortie des titres au prix d'achat		

Valeurs mobilières de placement (VMP)

Plus-value sur la cession

Constatation de la cession

512	Banques (*net en compte*)	X	
6271	Frais sur titres	X	
44566	TVA sur ABS (*sur frais*)	X	
767	Produits nets sur cessions de VMP		X
764	Revenus des VMP		X
	Avis de crédit n° ...		

Sortie des titres

767	Produits nets sur cessions de VMP	X	
503	VMP – Actions		X
	Sortie des titres au prix d'achat		

Moins-value sur la cession

Constatation de la cession

512	Banques (*net en compte*)	X	
6271	Frais sur titres	X	
44566	TVA sur ABS (*sur frais*)	X	
667	Charges nettes sur cessions de VMP		X
764	Revenus des VMP		X
	Avis de crédit n° ...		

Sortie des titres

667	Charges nettes sur cessions de VMP	X	
503	VMP – Actions		X
	Sortie des titres au prix d'achat		

Une seule écriture peut regrouper la constatation de la cession et la sortie des titres.

REVENUS SUR TITRES

Dividendes

512	Banques	X	
76	Revenus des titres		X
	Avis de crédit n° ...		

Le compte 76 est subdivisé en **761**, **762** ou **764** selon la nature des titres.

Coupons sur obligations à l'échéance

Intérêts encaissés = N x VN x i

N = Nombre d'obligations en portefeuille ; VN = Valeur nominale ; i = Taux d'intérêt nominal

Les intérêts courus comptabilisés à l'achat en comptes **2768** ou **5088** doivent être soldés à l'échéance suivante. Si les comptes **764** et **762** ont été comptabilisés à l'acquisition, il n'y a pas lieu de solder les comptes **5088** et **27682**.

Titres immobilisés

512	Banques	X	
762	Revenus des autres immobilisations financières		X
27682	Intérêts courus sur titres immobilisés (*solde des ICNE de l'achat*)		X
	Avis de crédit n° …		

VMP

512	Banques	X	
764	Revenus des VMP		X
5088	Intérêts courus sur obligations (*solde des ICNE de l'achat*)		X
	Avis de crédit n° …		

ÉVALUATION DES TITRES À LA CLOTURE

À l'inventaire, les titres de participation sont évalués à leur **valeur d'utilité** (valeur d'usage ou valeur économique). Les autres titres sont évalués au **cours moyen du dernier mois** ou à leur valeur probable de négociation si le titre n'est pas coté. Les titres d'OPCVM sont évalués à leur valeur de liquidation.

Dépréciations et reprises sur dépréciations des titres

Portefeuille au 31/12/N-1

Titres	Nombre	PA unitaire	Cours 31/12/N-1	Dépréciation N-1
Une seule ligne par nature de titres		PA moyen si plusieurs lots	Donné	Si cours N-1 < PA Sinon 0

Portefeuille au 31/12/N

Titres	Nombre	PA unitaire	Cours 31/12/N	Dépréciation N (1)	Dépréciation N-1 (2)	DAP	RAP
	Nombre restant	PA du lot restant si PEPS (sinon CUMP)	Donné	Si cours N < PA Sinon 0	À reporter	Si (1) > (2)	Si (1) < (2)

Dépréciations

6866	Dotations aux dépréciations des éléments financiers	X	
590 ou 2961 ou 297	Dépréciations des titres		X
	Dépréciations		

Reprises sur dépréciations

590 ou 2961 ou 297	Dépréciations des titres	X	
7866	Reprises sur dépréciations des éléments financiers		X
	Reprises sur dépréciations		

Intérêts courus non échus sur obligations

Taux d'intérêt couru = i x n / 360

i = Taux d'intérêt nominal ; n = Nombre de jours entre la date d'échéance et la date de clôture

Intérêt couru = N x VN x i x n / 360

N = Nombre d'obligations en portefeuille ; VN = Valeur nominale

5088 ou 2768	Intérêts courus sur obligations	X	
764 ou 762	Revenus des obligations		X
	Intérêts courus non échus		

AUTRES FORMES DE PLACEMENT

Comptes à terme

Dépôt sur un compte à terme

512.2	Banques – Compte à terme	X	
512.1	Banques – Compte courant		X
	Alimentation du compte à terme		

Encaissement des intérêts

512.2	Banques – Compte à terme	X	
768	Autres produits financiers		X
	Encaissement des intérêts		

Solde du compte à terme

512.1	Banques – Compte courant	X	
512.2	Banques – Compte à terme (*solde*)		X
	Virement (nominal + intérêts)		

Avance à une filiale

Avance à la filiale

451	Groupe	X	
512	Banques		X
	Avance à la filiale		

Encaissement des intérêts

512	Banques	X	
768	Autres produits financiers		X
	Encaissement des intérêts		

Remboursement de la filiale

512	Banques	X	
451	Groupe (*solde*)		X
	Remboursement (nominal + intérêts)		

5 DIVERS TRAVAUX D'INVENTAIRE

ANALYSE DES ÉCARTS DE CONVERSION RELATIFS AUX CRÉANCES ET DETTES EN DEVISES À LA CLOTURE

Si **Montant à l'inventaire > Montant facturé** : gain latent pour les ventes (ou écart de conversion passif) ; perte latente pour les achats (ou écart de conversion actif).

Si **Montant à l'inventaire < Montant à facturé** : perte latente pour les ventes ; gain latent pour les achats.

Les pertes latentes doivent faire l'objet de provisions pour pertes de change (**Principe de prudence**).

Gains latents

Chez le client

401	Fournisseurs	X	
477	Différences de conversion – Passif		X
	Gain latent		

Chez le fournisseur

411	Clients	X	
477	Différences de conversion – Passif		X
	Gain latent		

Pertes latentes et provisions pour pertes de change

Chez le client

476	Différences de conversion – Actif	X	
401	Fournisseurs		X
	Perte latente		

Chez le fournisseur

476	Différences de conversion – Actif	X	
411	Clients		X
	Perte latente		

6815	Dotations aux provisions d'exploitation	X	
1515	Provisions pour pertes de change		X
	Provision pour pertes de change		

Contrepassation des écarts de conversion à l'ouverture de l'exercice suivant

Les pertes et les gains latents doivent être contrepassés. Les écritures des gains et pertes latents sont simplement inversées.

Reprise des provisions pour pertes de change à la clôture de l'exercice suivant

1515	Provisions pour pertes de change	X	
7815	Reprises sur provisions d'exploitation		X
	Reprise de la provision		

Les comptes 6865 et 7865 sont utilisés pour les pertes latentes portant sur des opérations financières (emprunts et prêts).

RÉGULARISATION DES STOCKS

Inventaire intermittent

Annulation des stocks initiaux

603 ou 713	Variation des stocks	X	
3…	Stocks		X
	Annulation des stocks initiaux		

Création des stocks finaux

3…	Stocks	X	
603 ou 713	Variation des stocks		X
	Constatation des stocks finaux		

Annulation des dépréciations sur stocks initiaux

39	Dépréciations des stocks et en-cours	X	
7817	Reprises sur dépréciations des actifs circulants		X
	Reprise des dépréciations		

Constatation des dépréciations sur stocks finaux

6817	Dotations aux dépréciations des actifs circulants	X	
39	Dépréciations des stocks et en-cours		X
	Dépréciations (si Valeur actuelle < Valeur d'achat)		

Inventaire permanent

Les écritures sont enregistrées à chaque mouvement de stock.

Entrée en stock
(acquisition ou production)

3…	Stocks	X	
603 ou 713	Variation des stocks		X
	Entrée en stock		

Sortie de stock
(consommation ou vente)

603 ou 713	Variation des stocks	X	
3	Stocks		X
…	*Sortie de stocks*		

GESTION DES CRÉANCES DOUTEUSES ET IRRECOUVRABLES

État des créances douteuses

État des créances douteuses au 31/12/N–1

Clients	Créances TTC	Créances HT	Dépréciation N–1
			% dépréciation x Créances HT ou (1 – % Récupération) x Créances HT

État des créances douteuses au 31/12/N

Client	Créances dues TTC	Créances dues HT	Dépréciations N (1)	Dépréciations N–1 (2)	DAP	RAP	Perte certaine
	Dû TTC – Règlements en N		% dépréciation x Créances dues HT	Report des dépréciations N–1	Si (1) > (2)	Si (1) < (2)	Dû HT

Nouveaux clients douteux en N

416	Clients douteux	X	
411	Clients		X
	Clients devenus douteux en N		

Ajustement des dépréciations

Création des dépréciations

6817	Dotations aux dépréciations des actifs circulants	X	
491	Dépréciations des comptes de clients		X
	Dépréciations		

Reprise des dépréciations

491	Dépréciations des comptes de clients	X	
7817	Reprises sur dépréciations des actifs circulants		X
	Reprise des dépréciations		

CRÉANCES IRRÉCOUVRABLES

654	Pertes sur créances irrécouvrables (*perte certaine*)	X	
44551	TVA à décaisser*	X	
416	Clients douteux		X
	Perte devenue certaine en N		

(*) On peut utiliser le compte 44571.

CONSTITUTION ET AJUSTEMENT DES PROVISIONS POUR RISQUES ET CHARGES

Création des provisions à la clôture de l'exercice N

6815 ou 6865 ou 6875	Dotations aux provisions	X	
15…	Provisions		X
	Dotations		

Le compte 15. est subdivisé selon la nature des provisions.

Ajustement des provisions à la clôture de l'exercice suivant N+1

Réalisation de la charge courant N+1

Réception de la facture

6…	Comptes de charges concernés	X	
44566	TVA sur ABS	X	
512	Banques		X
	Avis de débit n° …		

Reprise des provisions initialement constituées

15…	Provisions	X	
7815 ou 7865 ou 7875	Reprises sur provisions		X
	Reprises		

Non réalisation de la charge courant N+1

La provision initialement constituée doit être réajustée à la hausse (dotation complémentaire), ou à la baisse (reprise).

AJUSTEMENT DES COMPTES DE GESTION

Charges constatées d'avance (CCA) et produits constatés d'avance (PCA)

Il s'agit de charges et de produits comptabilisés courant N alors que tout ou partie concerne l'exercice suivant (N+1). Il faut donc **exclure** la part des charges et des produits relatifs à **N+1**. Il n'y a jamais de TVA sur les CCA, ni sur les PCA.

À la clôture de l'exercice N

486	Charges constatées d'avance	X	
6....	Comptes de charges concernés		X
	Exclusion des charges de N+1		

À la clôture de l'exercice N

7...	Comptes de produits concernés	X	
487	Produits constatés d'avance		X
	Exclusion des produits de N+1		

À l'ouverture de l'exercice N+1, les CCA et les PCA doivent être contrepassés. Les écritures sont simplement inversées.

Charges à payer et produits à recevoir

Il s'agit de charges et de produits non comptabilisés courant N alors que tout ou partie concerne l'exercice N. Il faut donc **inclure** la part des charges et des produits relatifs à **N**.

Charges à payer à la clôture de l'exercice N

6....	Comptes d'achats et de charges concernés	X	
44586	TVA à régulariser sur factures non parvenues	X	
408	Fournisseurs – Factures non parvenues		X
4286	Personnel – Autres charges à payer		X
4386	Organismes sociaux – Autres charges à payer		X
4486	État – Charges à payer		X
1688	Intérêts courus		X
	Charges à payer N à inclure		

Produits à recevoir à la clôture de l'exercice N

4181	Clients – Factures à établir	X	
4287	Personnel – Produits à recevoir	X	
4387	Organismes sociaux – Produits à recevoir	X	
4487	État – Produits à recevoir	X	
2768	Intérêts courus	X	
7...	Comptes de ventes concernées		X
44587	TVA à régulariser sur factures à établir		X
	Produits à recevoir N à inclure		

À l'ouverture de l'exercice N+1, les charges à payer et les produits à recevoir doivent être contrepassés. Les écritures sont simplement inversées.

Au cours de l'exercice N+1, les charges et les produits sont comptabilisés à la date de réception des factures.

Chez le client

6...	Comptes de charges concernées	X	
44566	TVA sur ABS	X	
401	Fournisseurs		X
	Facture n° ...		

Chez le fournisseur

411	Clients	X	
7...	Comptes de produits concernés		X
44571	TVA collectée		X
	Facture n° ...		

Régularisation des rabais, remises, ristournes

Rabais, remises et ristournes à obtenir

4098	RRR à obtenir	X	
609	RRR obtenus sur achats		X
44586	TVA à régulariser sur factures non parvenues		X
	RRR à obtenir		

Rabais, remises et ristournes à accorder

709	RRR accordés par l'entreprise	X	
44587	TVA à régulariser sur factures à établir	X	
4198	RRR à accorder		X
	RRR à accorder		

AFFECTATION DU RESULTAT

Modalités de calcul

Résultat de l'exercice N (RNC) :

– Report à nouveau débiteur du bilan N avant répartition (RAN < 0)

– Dotation réserve légale (RL) : 5 % (RNC – RAN débiteur)

Vérification : si (RL bilan + Dotation RL) > 10 % capital : doter 10 % (capital) – RL bilan ; sinon doter 5 % (RNC – RAN débiteur)

– Dotation autres réserves

+ Report à nouveau créditeur du bilan N avant répartition (RAN > 0)

– Intérêts statutaires au *prorata temporis* sur le **capital libéré**

– Superdividende

= RAN N après répartition = RAN N+1 avant répartition

Pour pouvoir distribuer des dividendes, les frais de constitution figurant au bilan doivent être totalement amortis et le capital doit être entièrement libéré dans le délai de 5 ans à compter de sa date d'immatriculation. Le résultat de l'exercice doit être > 0.

Comptabilisation

Affectation du résultat

120	Résultat de l'exercice	X	
110	Report à nouveau (*solde créditeur avant répartition du résultat*)	X	
119	Report à nouveau (*solde débiteur avant répartition du résultat*)		X
110	Report à nouveau (*solde créditeur après répartition du résultat*)		X
106	Réserves (*à subdiviser selon les réserves*)		X
457	Associés – Dividendes à payer (*Intérêts statutaires + Superdividende*)		X
	Affectation du résultat		

Paiement des dividendes

Les dividendes versés sont soumis de plein droit à une imposition forfaitaire non libératoire au taux de 17,2 %, sauf option pour le barème progressif, et aux prélèvements sociaux (PS) précomptés par la société distributrice.

457	Associés – Dividendes à payer (*solde*)	X	
4422	État – Prélèvements forfaitaires non libératoires (17,2 %)		X
4423	État – Retenues et prélèvements sur distributions (PS de 17,2 %)		X
512	Banques (*net réglé*)		X
	Avis de débit n° ...		

6 OPÉRATIONS DE FINANCEMENT À MOYEN ET LONG TERME

CRÉDIT-BAIL MOBILIER

Dépôt de garantie

275	Dépôts et cautionnements versés	X	
512	Banques		X
	Avis de débit n° ...		

Paiement des redevances

6122	Redevances de crédit-bail mobilier	X	
44566	TVA sur ABS	X	
512	Banques		X
	Avis de débit n° ...		

Le compte **612** est TTC si le crédit-bail porte sur un véhicule de tourisme.

Régularisations à la clôture pour les baux signés courant N

Loyers versés en début de période

486	Charges constatées d'avance	X	
6122	Redevances de crédit-bail mobilier		X
	Part du loyer N+1 à exclure		

Loyers versés en fin de période

6122	Redevances de crédit-bail mobilier	X	
44586	TVA à régulariser – Charges à payer	X	
408	Fournisseurs – Factures non parvenues		X
	Part du loyer N à inclure		

Levée de l'option en fin de contrat

2.	Immobilisations	X	
44562	TVA sur immobilisations	X	
275	Dépôts et cautionnements versés (*solde*)		X
404	Fournisseurs d'immobilisations		X
	Facture n° ...		

Le compte 2. est TTC s'il s'agit de l'achat d'un véhicule de tourisme.

L'amortissement se fera sur la durée d'utilisation appréciée à la levée de l'option ou sur la durée résiduelle (Durée d'utilisation de l'immobilisation – Durée du crédit-bail), en mode linéaire uniquement car il s'agit d'un bien d'occasion.

Informations à fournir en annexe

Immobilisations en crédit-bail

Postes au bilan	Coût d'entrée	Dotation de l'exercice	Dotations cumulées	Valeur nette
Matériels…				

Engagements de crédit-bail

Postes au bilan	Redevance de l'exercice	Redevances cumulées	Redevances restant à payer jusqu'à 1 an	Redevances restant à payer de 1 an à 5 ans	Redevances restant à payer à plus de 5 ans	Prix d'achat résiduel
Matériels…						

SUBVENTIONS D'INVESTISSEMENT

Régime de droit commun

Attribution de la subvention

4411	État – Subventions d'investissement	X	
77	Produits exceptionnels		X
	Notification de l'attribution		

Encaissement de la subvention

512	Banques	X	
4411	État – Subvention d'investissement (*solde*)		X
	Avis de crédit n° …		

Option pour l'étalement de la subvention

Attribution de la subvention

4411	État – Subventions d'investissement à recevoir	X	
131	Subventions d'équipement		X
	Notification de l'attribution		

Encaissement de la subvention

512	Banques	X	
4411	État – Subventions d'investissement à recevoir		X
	Avis de crédit n° …		

Reprise des subventions à la clôture de l'exercice

139	Subventions d'investissement inscrites au compte de résultat	X	
777	Quote-part des subventions d'investissement virée au résultat		X
	Reprise de la subvention		

Pour les **biens non amortissables**, l'étalement se fait sur 10 ans ou sur la durée d'inaliénabilité s'il existe une clause d'inaliénabilité. Aucun *prorata temporis* n'est appliqué. Pour les **biens amortissables**, l'étalement se fait au même rythme d'amortissement de l'immobilisation ; si l'immobilisation bénéficie d'un amortissement fiscal, l'étalement de la subvention est réalisé au même rythme que l'amortissement fiscal de l'immobilisation.

EMPRUNT INDIVIS

Tableaux de remboursement des emprunts

Il existe plusieurs modes de remboursement de l'emprunt :

Amortissement constant = A = Vo / n

Annuités constante = a = Vo x [i / (1 – (1+i)$^{-n}$]

Amortissement *in fine* : A = 0 ; la dernière année : A = Vo

Vo = Montant de l'emprunt ; A = Amortissement de l'emprunt ; a = annuité.

i = Taux de l'emprunt ; n = durée de l'emprunt.

Si A = constante

Années	Capital début	Intérêts	Amortissements A	Annuités a	Capital fin
N+1	Vo	(Capital début x i)	Vo / n	A + Intérêts	Capital début – A

Si a = constante

Années	Capital début	Intérêts	Amortissements A	Annuités a	Capital fin
N+1	Vo	(Capital début x i)	a – Intérêts	Vo x [i / 1 – (1 + i)$^{-n}$]	Capital début – A

Si amortissement *in fine*

Années	Capital début	Intérêts	Amortissements A	Annuités a	Capital fin
N+1	Vo	(Capital début x i)	0	Intérêts	Capital début
Dernière année	Vo	(Capital début x i)	Vo	Vo + intérêts	0

Comptabilisation

Virement des fonds

512	Banques	X	
164	Emprunts auprès des établissements de crédit		X
	Avis de crédit n° …		

Intérêts courus à la clôture de l'exercice N

6611	Intérêts des emprunts	X	
1688	Intérêts courus		X
	ICNE		

Intérêts courus non échus (ICNE) = Vo x i x n / 360

n = nombre de jours de la date de l'emprunt à la clôture de l'exercice N

Contrepassation des ICNE à l'ouverture de l'exercice N+1

1688	Intérêts courus	X	
6611	Intérêts des emprunts		X
	Extourne des ICNE		

Règlement de l'annuité à l'échéance N+1

164	Emprunts auprès des établissements de crédit (A)	X	
6611	Intérêts des emprunts	X	
512	Banques (a)		X
	Avis de débit n° …		

Intérêts courus non échus à la clôture de l'exercice N+1 :
(Vo – A1) x i x n / 360

7 APPORTS EN CAPITAL ET VARIATIONS DE CAPITAL

CONSTITUTION DE SOCIÉTÉS

Comptabilisation des apports

Promesses d'apport

45611 45615 1012	Associés – Apports en nature Associés – Apports en numéraire Capital souscrit - appelé, non versé *Promesses d'apports*	X X	 X

Libération minimale des apports en numéraire : 50 % pour les SA, SAS, SASU et SCA ; 20 % pour les SARL et EURL ; le solde doit être libéré dans les 5 ans.

Libération totale pour les apports en nature :
Apport en nature = Actif net réévalué – Dettes

Capital restant à libérer

109 1011	Actionnaires – Capital souscrit - non appelé Capital souscrit - non appelé *Capital en numéraire restant à libérer*	X	 X

Réalisation des apports

Apports en nature

2., 3., 4., 5. 16., 4. 45611	Comptes d'actifs Comptes de passifs Associés – Apports en nature *Réalisation des apports en nature*	X	 X X

Si les créances clients sont reprises à un montant inférieur au nominal, le compte « 411 » doit être comptabilisé pour sa valeur nominale et la différence entre le nominal et la valeur de reprise est comptabilisée au crédit dans le compte « 491 ».

Apports en numéraire

467 ou 512 45615	Autres comptes débiteurs (*notaire*) ou Banques Associés – Apports en numéraire (*solde*) *Réalisation des apports en numéraire*	X	 X

Capital versé

1012 1013	Capital souscrit - appelé, non versé (*solde*) Capital souscrit - appelé, versé *Régularisation du capital*	X	 X

Frais de constitution

Les frais de constitution sont soit comptabilisés en charges (***méthode de référence***), soit comptabilisés dans un compte d'actif (2011) ; le plus souvent, les chèques sont déposés chez le notaire (compte 467) et les fonds sont versés par le notaire sur le compte bancaire de l'entreprise sous déduction des frais.

Comptabilisation des frais en charges (méthode de référence)

512	Banques (*net en compte*)	X	
6226	Honoraires	X	
6354	Droits d'enregistrement et de timbre	X	
6231	Annonces et insertions	X	
44566	TVA sur ABS	X	
467	Autres débiteurs (*solde*)		X
	Virements des fonds par le notaire		

Comptabilisation des frais dans un compte d'immobilisations

2011	Frais de constitution	X	
721	Production immobilisée – Immobilisations incorporelles		X
	Transfert de charges		

Si les frais ont été comptabilisés en charges, il est possible de les transférer dans un compte de bilan (**2011**) via le compte 721. Les frais seront alors amortis sur une durée maximale de 5 ans.

Comptabilisation des appels ultérieurs des apports en numéraire

Appel ultérieur

4562	Apporteurs – Capital appelé non versé	X	
109	Actionnaires – Capital souscrit - non appelé		X
	Appel des fonds		

Capital appelé non versé

1011	Capital souscrit - non appelé	X	
1012	Capital souscrit - appelé, non versé		X
	Régularisation du capital		

Réalisation de l'apport

512	Banques	X	
4562	Apporteurs – Capital appelé, non versé		X
	Avis de crédit n° ...		

Capital appelé versé

1012	Capital souscrit - appelé, non versé	X	
1013	Capital souscrit - appelé, versé		X
	Régularisation du capital		

AUGMENTATIONS DE CAPITAL

Augmentation de capital en numéraire

Libération des apports

512	Banques	X	
4563	Associés – Versements reçus sur augmentations de capital		X
	Libération des apports appelés		

Libération minimale de 25 % pour les SA, SAS, SASU, SCA, SARL et EURL, le reste dans 5 ans.

Augmentation de capital = [(N x VN x 25 %) + N x (PE – VN)]

N = Nombre d'actions émises ; VN = Valeur nominale ; PE = Prix d'émission
Prime d'émission = N (PE – VN)

Réalisation de l'apport

4563	Associés – Versements reçus sur augmentations de capital (*solde*)	X	
1013	Capital - souscrit appelé, versé (N x VN x % Libération)		X
1041	Primes d'émission (N x (PE – VN))		X
	Constatation de l'augmentation de capital		

Capital restant à libérer

109	Actionnaires – Capital souscrit - non appelé	X	
1011	Capital souscrit - non appelé		X
	Capital restant à libérer (N x VN x % restant à libérer)		

Les écritures relatives aux appels ultérieurs sont les mêmes que celles applicables à la constitution de sociétés.

Augmentation de capital en nature

Comptabilisation de l'augmentation de capital (libération 100 %)

2.., 3.., 4.., 5..	Comptes d'actifs	X	
1013	Capital souscrit - appelé, versé		X
1043	Primes d'apport		X
	Constatation de l'augmentation de capital		

Augmentation de capital par conversion de dettes

Comptabilisation de l'augmentation de capital (libération 100 %)

40, 451, 17	Dettes	X	
1013	Capital souscrit - appelé, versé		X
1041	Primes d'émission		X
	Constatation de l'augmentation de capital		

Augmentation de capital par incorporation de réserves

Comptabilisation de l'augmentation de capital (libération 100 %)

106	Réserves	X	
1013	Capital souscrit - appelé, versé		X
1041	Primes d'émission		X
	Constatation de l'augmentation de capital		

Pour les apports en nature, par conversion de dettes et par incorporation de réserves, il n'y a pas de prime d'apport, excepté si le montant de l'apport divisé par le nombre d'actions attribuées diffère de la valeur nominale.

Frais d'augmentation de capital

Comptabilisation des frais en charge

6226	Honoraires	X	
6354	Droits d'enregistrement et de timbre	X	
6231	Annonces et insertions	X	
44566	TVA sur ABS	X	
512	Banques		X
	Avis de débit n° ...		

Possibilité d'imputer les frais sur la prime d'émission

1041	Primes d'émission (plafonné à la prime existante)	X	
791	Transferts de charges		X
	Imputation des frais sur la prime d'émission (impôt négligé)		

Possibilité de transférer les frais dans un compte d'immobilisations

2013	Frais d'augmentation de capital	X	
721	Production immobilisée – Immobilisations incorporelles		X
	Transfert des charges		

Les frais seront amortis sur une durée maximale de 5 ans.

8 LIQUIDATION DE LA TVA ET RECOUVREMENT DE L'IMPÔT SUR LES SOCIÉTÉS

LIQUIDATION DE LA TVA

Les téléprocédures sont obligatoires pour toutes les entreprises sous peine de sanctions.

Régime réel normal

TVA à décaisser ou crédit de TVA

44571	TVA collectée	X	
4452	TVA due intracommunautaire	X	
44567	Crédit de TVA (*TVA due du mois < 0*)	X	
658	Charges diverses de gestion courante (*arrondis*)	X	
44567	Crédit de TVA reporté du mois précédent (*)		X
44562	TVA sur immobilisations		X
44562.2	TVA sur acquisition intracommunautaire d'immobilisations		X
44566	TVA sur ABS		X
44566.2	TVA sur acquisition intracommunautaire de biens et services		X
44551	TVA à décaisser (*TVA due du mois > 0*)		X
758	Produits divers de gestion courante (*arrondis*)		X
	Liquidation de la TVA		

(*) L'entreprise peut bénéficier d'un remboursement de son crédit de TVA si ce dernier est ≥ 760 € (150 € en fin d'année civile). Le compte 44567 sera alors soldé par le débit d'un compte de trésorerie.

Paiement de la TVA à décaisser

44551	TVA à décaisser	X	
512	Banques		X
	Avis de débit n° ...		

Régime réel simplifié

Acomptes versés en N (55 % en juillet et 40 % en décembre)

44581	Acomptes – Régime simplifié d'imposition	X	
512	Banques		X
	Avis de débit n° ...		

TVA à régulariser au 31/12/N

44571	TVA collectée	X	
4452	TVA due intracommunautaire	X	
44567	Crédit de TVA (*TVA due en N < 0*)	X	
658	Charges diverses de gestion courante (*arrondis*)	X	
44562	TVA sur immobilisations		X
44562.2	TVA sur acquisition intracommunautaire d'immobilisations		X
44566	TVA sur ABS		X
44566.2	TVA sur acquisition intracommunautaire de biens et services		X
44581	Acomptes – Régime simplifié d'imposition (*pour solde*)		X
44551	TVA à décaisser (*TVA due en N > 0*)		X
758	Produits divers de gestion courante (*arrondis*)		X
	Liquidation de la TVA		

Paiement de la TVA due à régulariser

44551	TVA à décaisser	X	
512	Banques		X
	Avis de débit n° ...		

IMPÔT SUR LES SOCIÉTÉS ET CONTRIBUTION SOCIALE

Calcul de l'impôt

L'abaissement du taux d'IS s'effectue selon les modalités suivantes :

Années	PME éligibles au taux réduit d'IS (*)	Autres entreprises
2021	15 % jusqu'à 38 120 € 26,5 % au-delà	26,5 % (27,5 % pour les grandes entreprises dont le CA HT > 250 M€)
2022	15 % jusqu'à 38 120 € 25 % au-delà	25 %

BF = Bénéfice fiscal

(*) Entreprises dont le CA HT est > 10 M€, le capital est entièrement libéré et détenu pour 75 % au moins par des personnes physiques

Les entreprises réalisant un CA HT ≥ 10 M€ et acquittant un IS au taux normal et au taux réduit applicable aux PVLT > 763 000 €, sont soumises à une contribution sociale (CS) de 3,3 %.

La télétransmission des déclarations de résultat et de paiement de l'IS est obligatoire sous peine de sanctions.

Comptabilisation

Acomptes versés en N (4 acomptes versés en mars, juin, septembre et décembre)

444 512	État – Impôts sur les bénéfices Banques *Avis de débit n° …*	X	 X

Impôt dû à la clôture

695 444	Impôts dus en France État – Impôts sur les bénéfices *Impôts dus*	X	 X

Solde de l'impôt à payer

444 512	État – Impôts sur les bénéfices (*solde*) (*) Banques *Avis de débit n° …*	X	 X

(*) Solde IS = IS dû à la clôture – Total des acomptes IS et des acomptes sur PVLT sur cessions et concessions de brevets et éléments assimilés versés en N
Solde CS = CS due à la clôture N – Total des acomptes CS versés en N

Le solde de l'impôt est à régler au plus tard le 15 mai N+1 pour une clôture au 31 décembre N.

Créance IS liée au *carry-back*

444 699	État – Impôts sur les bénéfices Produits – Report en arrière des déficits *Créance IS*	X	 X

9 RÉMUNÉRATION DU PERSONNEL

GESTION DE LA PAIE ET DES COTISATIONS SOCIALES

Acomptes et oppositions sur salaires

425	Personnel – Avances et acomptes	X	
427	Personnel – Oppositions	X	
512	Banques		X
	Avis de débit n° ...		

Salaire brut

641	Rémunérations du personnel (*)	X	
421	Personnel – Rémunérations dues		X
	D'après fiche de paie		

(*) Le compte 641 est subdivisé en 6411 (Salaire de base + HS – Retenues sur salaire), 6412 (congés payés), 6413 (primes et gratifications), 6414 (indemnités et avantages divers).

Retenues salariales

421	Personnel – Rémunérations dues	X	
431	Sécurité sociale		X
437	Autres organismes sociaux (*à subdiviser selon les régimes*)		X
425	Personnel – Avances et acomptes (*solde*)		X
427	Personnel – Oppositions (*solde*)		X
791	Transferts de charges (*imputation des avantages en nature*)		X
4421	Prélèvements à la source – Impôts sur le revenu		X
	Retenues sur salaires		

Salaire net à payer

421	Personnel – Rémunérations dues (*solde après PAS*)	X	
512	Banques		X
	Avis de débit n° ...		

Les frais de remboursement, comptabilisés en 625 sont ensuite ajoutés au salaire net versé au salarié et sont en principe transférés dans un compte 791.

Salaire net imposable = Salaire brut – Σ Cotisations salariales + Cotisations CSG et CRDS non déductibles (CRDS de 0,5 % non déductible et CSG de 9,2 % dont 2,4 % de non déductible) + Part patronale de la mutuelle santé + Part non déductible des cotisations de retraite supplémentaire et de prévoyance complémentaire.
Depuis le 1er janvier 2019, les heures supplémentaires défiscalisées (jusqu'à 5 000 €) ne sont prises en compte dans le salaire net imposable.

Charges sociales patronales

645	Charges de sécurité sociale et de prévoyance (*à subdiviser selon le PCG*)	X	
431	Sécurité sociale		X
437	Autres organismes sociaux (*à subdiviser selon les régimes*)		X
	Cotisations patronales		

Règlement des cotisations aux organismes sociaux

431	Sécurité sociale (*solde*)	X	
437	Autres organismes sociaux (*solde*)	X	
658	Charges diverses de gestion courante (*arrondis*)	X	
512	Banques		X
758	Produits divers de gestion courante (*arrondis*)		X
	Avis de débit n° ...		

Le PAS est reversé à l'Administration :

4421	Prélèvements à la source - Impôt sur le revenu	X	
512	Banques		X
	Reversement du PAS		

ÉPARGNE SALARIALE – PARTICIPATION ET INTÉRESSEMENT

Constatation de la participation et de l'intéressement à la clôture de l'exercice N

Le forfait social est à la charge de l'employeur et est recouvré par l'URSSAF. Son taux est de 20 % ; il est de 16 % pour certains versements alimentant un PERCO sous conditions (10 % pour l'abondement sous conditions), il est supprimé sur la participation dans les entreprises de moins de 50 salariés, sur l'intéressement dans les entreprises de moins de 250 salariés.

Réserve spéciale de participation (RSP)

691	Participation des salariés aux résultats (RSP)	X	
6451	Forfait social (*) (sauf exonération)	X	
4284	Dettes provisionnées pour participation aux résultats		X
431	Sécurité sociale – Forfait social (sauf exonération)		X
	Constatation de la participation		

Intéressement

6414	Indemnités et avantages divers (Intéressement)	X	
6451	Forfait social (*) (sauf exonération)	X	
4286	Personnel – Autres charges à payer		X
431	Sécurité sociale – Forfait social (sauf exonération)		X
	Constatation de l'intéressement		

(*) *Le compte 6338 « Autres impôts et taxes » peut être utilisé à la place du compte 6451.*

Approbation de la participation et de l'intéressement en N+1

Approbation de la participation

4284	Dettes provisionnées pour participation des salariés aux résultats (*solde*)	X	
4246	Réserve spéciale (90,3 % x RSP)		X
431	Sécurité sociale (9,7 % x RSP)		X
	Transfert de la participation dans un compte de réserve		

Approbation de l'intéressement

4286	Personnel – Autres charges à payer (*solde*)	X	
421	Personnel – Rémunérations dues (90,3 % x Intéressement)		X
431	Sécurité sociale (9,7 % x Intéressement)		X
	Approbation de l'intéressement		

La CSG et la CRDS de 9,7 %, précomptées par l'entreprise, sont reversées à l'URSSAF ; la différence est portée au compte 4246 (participation) ou 421 (intéressement).

Affectation de la participation et de l'intéressement en N+1

Le salarié dispose d'un délai de 15 jours pour demander le versemen immédiat de tout ou partie du montant de la participation qui lui est attri buée ; au-delà de ce délai, les sommes sont affectées, soit à un fond d'investissement, soit à un plan d'épargne entreprise, et sont bloquée pendant 5 ans (sauf déblocage anticipé).

Le versement de l'intéressement est soit immédiat, soit affecté à un PEE La participation et l'intéressement doivent être versés avant le dernier jou du 5e mois suivant l'exercice duquel ils sont versés.

Participation

4246	Réserve spéciale	X	
1662	Fonds de participation		X
512	Banques (*)		X
4247	Personnel – Plan épargne		X
	Affectation de la participation		

Intéressement

421	Personnel – Rémunérations	X	
512	Banques		X
442	Contributions, impôts ...		
4247	Personnel – Plan épargne		X
	Affectation de l'intéressement		X

(*) Si le salarié demande le versement immédiat de tout ou partie de la participa tion, les sommes débloquées sont soumises à l'IR (sauf déblocage pour évènement exceptionnels) ; le compte 442 sera crédité en conséquence.

Déblocage de la participation gérée par un fonds d'investissement

Déblocage des fonds à l'issue des 5 ans

1662	Dettes provisionnées pour participation aux résultats	X	
4248	Comptes courants		X
	Déblocage des fonds		

Avis de débit

4248	Comptes courants	X	
512	Banques		X
	Avis de débit n° ...		

Abondement

Un abondement peut être versé par l'entreprise aux salariés qui effectuen des versements volontaires et affectent tout ou partie de la participation e de l'intéressement sur un plan d'épargne salariale.

Constatation de l'abondement

647	Autres charges sociales (*abondement*)	X	
6451	Forfait social (sauf exonération)	X	
4286	Personnel – Autres charges à payer		X
431	Sécurité sociale (sauf exonération)		X
	Constatation de l'abondement		

Approbation des comptes

4286	Personnel – Autres charges à payer	X	
421	Personnel – Rémunérations dues (*90,3 % x Abondement*)		X
431	Sécurité sociale (*9,7 % x Abondement*)		X
	Approbation des comptes		

Versement de l'abondement sur un plan d'épargne

421	Personnel – Rémunérations dues	X	
4247	Personnel – Plan épargne		X
	Versement de l'abondement		

Cet ouvrage a été achevé d'imprimer
dans les ateliers de Leitzaran (Espagne)
Numéro d'impression : 750 – Dépôt légal : Janvier 2022